Dix-sept minutes pour vivre

© **L'Harmattan, 2022**
5-7, rue de l'Ecole-Polytechnique, 75005 Paris

http://www.editions-harmattan.fr

ISBN : 978-2-14-030039-4
EAN : 9782140300394

Ganiou SOGLO

DIX-SEPT MINUTES POUR VIVRE

Bénin : la nuit est longue mais le jour vient

À ma maman bien-aimée,

Femme indépendante, anticonformiste, courageuse, aimante, au parcours exceptionnel pour son époque dans un monde exclusivement masculin,

À celle qui fut femme de loi, puis première présidente du plus grand parti politique, enfin doyenne de l'Assemblée nationale du Bénin,

À celle qui défendit la condition des femmes et plus largement des Béninois,

À celle qui me transmit force et vision,

À notre Amazone des temps modernes.

« L'honneur appartient à ceux qui jamais ne s'éloignent même dans l'obscurité et la difficulté, ceux qui essaient toujours et qui ne se laissent pas décourager par les insultes, l'humiliation ou même la défaite. »

Nelson Mandela

*

« Tant que toi-même tu n'es pas en situation, tu ne peux pas comprendre… »

Rosine Vieyra-Soglo

La démocratie n'est pas indispensable à la vie mais la démocratie améliore l'humanité. Elle nous oblige à considérer et comprendre ceux qui sont différents de nous.

*

Si l'on remonte à l'étymologie… le nom de famille Soglo signifie « invulnérable » en langue Fongbè.

Sò c'est le fusil, le tonnerre, la foudre.

Glò c'est le contre, la parade.

Le premier Soglo est né d'une fille de Dako-Donou[1] (premier roi du Danxome, vers 1625). Mais, c'est sous le roi Agadja[1bis], quatrième roi d'Abomey, surnommé « le conquérant » (1708-1728), que le nom acquit une notoriété. Il aimait faire la guerre et il vassalisa beaucoup de roitelets en annexant leurs royaumes à celui d'Abomey.

La conquête de Savi, qui étendit la domination d'Abomey jusqu'à la mer, valut à Agadja le surnom de « Dosou Hounvito », « Dosou le preneur de bateaux », surnom que les armoiries expriment par un bateau et une pagaie.

---

1 Cf. *Le Pacte de sang au Dahomey*, Paul Hazoumé, Paris, Institut d'ethnologie, 1956 (p. 36).

1bis Cf. *L'Ancien royaume du Dahomey, mœurs, religion, histoire*, A. Le Hérissé, administrateur des colonies, Paris, éditions Émile Larose, 1911 (pp. 15-16 ; p. 294-299).

Un jour, il réunit toute son armée et même les anciens combattants. C'était pour les décorer. Aujourd'hui, on dirait qu'il voulait leur décerner une médaille de bravoure.

À cette assemblée donc, tous les corps d'armée étaient présents. Parmi eux, il y avait des blessés et plusieurs mutilés de guerre.

Le roi Agadja les salua tous avec déférence. Ensuite il demanda : « Y a-t-il dans cette assemblée quelqu'un qui n'a jamais été blessé, ni touché par aucune balle depuis qu'il combat sur le front ? »

Un homme d'une certaine élégance se leva et le roi lui demanda de s'approcher. Il arriva à côté du roi qui ne cacha pas sa surprise et demanda au chef de bataillon d'examiner minutieusement le corps de cet homme.

Effectivement, ce combattant ne portait aucune égratignure, aucun impact sur le corps susceptible d'être à l'origine d'une blessure par balle. Le roi demanda alors à son vaillant combattant :

« Qui t'a fait ce grigri anti-balles pour qu'en combattant sur le champ de bataille aucune balle ne t'atteigne ? »

Depuis ce jour, ce vaillant combattant est surnommé et porte désormais le mythique nom de SOGLO : l'Invulnérable.

Prologue

*

Le 5 février 2021 aux alentours de 19h, 19h30, j'ai été victime d'une agression tandis que je me rendais à un meeting politique à 40 km de Cotonou dans le sud du Bénin. Je devais m'entretenir avec les habitants du village de Lanzron mitoyen à ma plantation.

Un de mes plus proches, Sosthène D., nous y attendait déjà. Nous étions d'ailleurs en retard, car j'avais tenu deux autres meetings dans l'après-midi à Agla, un des quartiers de Cotonou, en présence de mon fidèle compagnon et directeur Serge K…

Ayant été appelé à d'autres obligations, ce dernier ne sera pas du voyage avec nous et je me rendis donc à ce rendez-vous politique avec mon fidèle chauffeur et homme de confiance, Pascal A.

Rappelons au lecteur que quelques jours auparavant j'avais déposé ma candidature à l'élection présidentielle de 2021, « seul et non en duo »[2] en

---

2   La Constitution de Patrice Talon et sa loi électorale veulent que l'on se présente « en duo », c'est-à-dire qu'il faut se présenter à deux (un président et un vice-président) avec également des parrainages.

m'appuyant sur la seule constitution en vigueur, celle du 11 décembre 1990[3].

Je m'étais en effet rendu le 1er février dans les locaux de la CENA[4] en fin de matinée pour déposer mon dossier. Je crus deviner la stupéfaction dans le regard de la vice-présidente de la CENA qui m'accueillit dans le bureau où je devais remplir les formalités d'usage. Qui plus est, elle prit le temps de se retirer avec mon dossier pendant plus d'une demi-heure avant de revenir dans la salle. Sans doute était-elle allée prendre des instructions…

À ma sortie, une fois les formalités effectuées, je me fendis d'une déclaration à la presse :

« Je suis candidat car la Constitution du 11 décembre 1990 me le permet. C'est notre loi fondamentale, la voix de tout un peuple qui a été votée par référendum. Et je ne saurais cautionner la relecture de notre constitution en procédure d'urgence par quelques personnes, nuitamment vers 2 heures du matin, personnes auxquelles je ne reconnais aucune légitimité. Notre peuple mérite respect, compassion, intégrité et amour.

---

[3] Pour lire en intégralité la Constitution du 11 décembre 1990 : https://cdn.accf-francophonie.org/2019/03/benin-constitution-1990.pdf.

[4] CENA : Commission électorale nationale autonome. La CENA est un organe administratif béninois chargé d'organiser et de superviser les élections au Bénin.

Ni la coercition, la violence, la cupidité, la veulerie ne me détourneront de cette marche vers la LIBERTÉ et le retour d'une vraie démocratie. Je vous remercie. »

Le récit qui va vous être conté dans les prochaines pages est celui d'un homme grièvement blessé et sous sédatif pendant toute la période qui s'écoula entre son hospitalisation et son évacuation pour la France. J'assume l'intégralité des propos rapportés dans ce récit.

*

5 février 2021. Nous quittâmes finalement Cotonou vers 18h, 18h30 car je dus repasser par mon domicile pour rapidement me changer. Après deux meetings dans l'après-midi, et une certaine fatigue, je ressentais le besoin de me rafraîchir. Nous étions vendredi et je savais donc que nous allions rentrer dans le phénomène du « go-slow » : les embouteillages du vendredi soir.

Les populations nous attendaient depuis 18h je crois ; aussi demandai-je à mon chauffeur Pascal de prévenir Sosthène que nous serions en retard.

J'avais tellement de fois fait ce trajet pour me rendre sur ma plantation à Lanzron que, comme à mon habitude, je m'installais confortablement dans la Toyota 4X4 et profitais du trajet pour écouter de la musique en mettant mes écouteurs aux oreilles, tout en parcourant les réseaux sociaux.

J'inclinais le siège dans lequel j'étais assis pour être plus à l'aise et m'assoupis quelque peu bercé par la musique et la route.

En quittant le bitume nouvellement achevé de la route de Zinvié, nous prîmes alors une des dessertes rurales conduisant à ma plantation. Il devait être 19h ou 19h30, et la nuit s'épaississait quand je sentis brusquement ralentir le véhicule.

Je m'extirpais alors de ma somnolence, enlevai mes écouteurs et demandai surpris à Pascal la raison de ce ralentissement. C'est alors qu'il braqua les feux sur la route en terre et que nous aperçûmes un gros tronc d'arbre au beau milieu de la voie.

Je ne me souviens plus si je lui ai dit de contourner cet obstacle en passant par la gauche dans la brousse ou si lui-même a pris cette décision. De toute façon, il n'y avait pas d'autre choix : il ralentit donc et s'engagea pour contourner par la gauche l'obstacle entravant notre progression.

À partir de là, les événements vont s'accélérer… Il faisait déjà bien sombre – encore plus sur ces chemins de terre dépourvus d'éclairage public – mais je ne me sentais nullement en danger au Bénin, encore moins dans cette localité que j'avais parcourue à de nombreuses reprises au cours de ces six dernières années à n'importe quelle heure, de jour comme de nuit.

Même si nous n'étions plus dans le Bénin d'autrefois de la conférence nationale, à aucun moment je n'aurais pu imaginer être la cible d'une agression. Quelle naïveté !

Soudain, un bruit sourd se fit entendre comme un claquement ou un coup de fusil ; cela semblait provenir des portières arrière latérales de la Toyota.

Elles explosèrent sous l'impact de je ne sais quoi. Je sentis subitement une brûlure me pénétrer le torse ; je portai alors ma main à la poitrine et sentis un filet de sang couler à travers mes doigts. Je laissai échapper un cri de douleur, ne sachant ce qu'il se passait réellement.

Dans la panique et la confusion totale, Pascal eut alors un réflexe salvateur en accélérant l'espace d'une fraction de seconde pour nous extirper d'un piège tendu ou de ce qui s'apparentait à un guet-apens. Nous n'avions rien vu sinon entendu ce vacarme ; rien qu'une demi-fraction de seconde où tout se joue entre la vie et la mort.

« Pascal, Pascal, on m'a tiré dessus… Pascal, je suis blessé… » m'écriai-je stupéfait.

Pascal était sous le choc et il hurlait tout en conduisant comme un fou : « Monsieur le Ministre, Monsieur le Ministre, ça va, ça va, l'émotion l'étreignant, mais il ne perdait pas de vue la route pour me conduire en lieu sûr.

Sous le coup de l'accélération, la Toyota bondit telle une panthère pour nous dégager de ce traquenard…

À partir de ce moment, les événements qui vont s'enchaîner vont être un peu flous même si je gardais toutefois une certaine lucidité.

Les mânes de mes ancêtres ne m'avaient-ils pas protégé une première fois en faisant en sorte que j'incline mon siège le plus profondément possible dans l'habitacle du véhicule ?

Avant d'aller plus en avant dans le récit de ces événements mémorables qui couvriront cette période du 5 février 2021 à mon évacuation six jours plus tard le jeudi 11 février 2021, je me dois de faire un rappel historique de faits qui ont touché avant moi des membres de ma famille, celle de la lignée de Houadanou Soglo.

*

En sa qualité de Prince et chef de guerre du roi Béhanzin, c'est chez Houadanou Soglo à Ouaouè, localité proche d'Abomey, que se réunirent les princes et chefs aux fins d'entendre Goutchili, désigné par Béhanzin pour lui succéder, de jurer sur le fétiche comme l'écrira A. Le Hérissé dans son ouvrage sur le Dahomey[5] :

« Le Royaume de Dahomey méritait l'honneur de tenir la première place parmi les peuplades, ses voisins, groupés désormais sous l'autorité civilisatrice de la France. Par son organisation vraiment extraordinaire pour un pays noir, il les avait déjà surpassés de beaucoup, alors qu'elles ne formaient encore que des confédérations de tribus sans grande cohésion et sans autres institutions que celles qu'on retrouve dans tous les groupements familiaux primitifs. Ses rois dont l'autorité justement redoutée ne s'employait pas uniquement, quoi qu'on pense,

---

5 *L'Ancien Royaume du Dahomey, mœurs, religion, histoire*, A. Le Hérissé, administrateur des colonies, Paris, éditions Émile Larose, 1911 (p 351).

à un arbitraire brutal et raisonné, avaient su lui donner une administration fortement hiérarchisée, une armée permanente et des embryons de service douanier et judiciaire. »

Et comme le raconte Philippe Soglo, feu mon grand-père, dans ses mémoires :

« Mon père Soglo Houadanou ayant pris la succession du trône dans la maison royale de Singbodji (Agbomé), fut invité par le roi Agboli-Agbo qui prit la succession du roi Béhanzin après la conquête du Dahomey. De par son influence, le général Dodds[6] avait voulu faire de mon père le remplaçant du roi Béhanzin. Mon père, obéissant à la tradition de la coutume qui veut que ce soit le fils du défunt ou son frère qui prenne la succession du roi a refusé cette offre et a fait appel au prince Ouanilè Glélé ; c'est de notre maison HouHoué Agonvézoun qu'Agboli-Agbo est parti pour se faire nommer successeur de son frère Béhanzin.

Suivant ce que nous avons appris de nos grands frères et oncles, l'empoisonnement de mon père provenait d'une boisson alcoolique dans laquelle on avait versé de l'acide. Mon père a refusé tout d'abord de boire la boisson offerte aux anciens rois défunts en pareille circonstance. Dès qu'il a pris la

---

6 Alfred Amédée Dodds, né à Saint-Louis du Sénégal le 6 février 1842 et mort à Paris le 17 juillet 1922, est un général français, métis par ses deux parents. Commandant supérieur des troupes françaises au Sénégal à partir de 1890, il mène la conquête du Dahomey entre 1892 et 1894, en déposant le roi Béhanzin.

boisson, il a senti une brûlure à la poitrine et est parti immédiatement rejoindre la maison. En cours de route, il crachait du sang et décéda des suites de cet empoisonnement. »

L'empoisonnement de mon arrière-grand-père Houadanou Soglo va conduire à d'importantes décisions familiales afin que de tels événements ne se reproduisent plus jamais et n'atteignent plus aucun membre de la lignée. On procèdera alors à toutes sortes de rites afin de « blinder » la lignée Houadanou Soglo.

Philippe Soglo lui-même connaîtra à son tour des événements tragiques ; c'était en 1958 au Togo. Dans ses mémoires, il raconte :

« Après avoir été décoré par l'administration coloniale française chevalier de la croix d'Anjouan le 15 février 1952 et décoré de la croix de la Légion d'honneur le 27 février 1954, je fus nommé en juin 1952 chef de la subdivision de l'Akposso au Togo (c'est-à-dire chef de circonscription ou sous-préfet aujourd'hui). Le 11 juin 1958 à Badou au Togo, j'échappe miraculeusement à une tentative d'assassinat. [...] Monsieur Ajavon a demandé au Président de me laisser partir et donné des ordres pour qu'on enlève la barricade. Le Président a fait enlever les barricades et m'a invité à le suivre un peu plus loin avant de monter dans la voiture, mais à peine avions-nous fait quelques pas que les hommes qui étaient tous ivres ont poussé le cri de ralliement « étchoboé » qui consiste à inviter l'assistance à agir ensemble. Aussitôt j'ai senti un violent coup derrière la hanche et mon pantalon est fendu par un couteau jusqu'au genou. Je suis assailli par la foule, ma veste est brutalement tirée et les boutons sautent. On essaie de me blesser partout ; au bras, à la tête, etc., je ne recevrai que des égratignures d'ongles… mais les armes semblent refuser de pénétrer dans ma chair » (sic)

Et il portera bien son nom : avec la protection des mânes de nos ancêtres, il survivra.

En effet, mon grand-père rentrera indemne chez lui et quittera ainsi définitivement le Togo où il aura passé l'essentiel de sa carrière administrative.

***

C'est aussi le lieu de raconter la mésaventure que subira le Premier ministre de la transition démocratique en janvier-février 1991, Nicéphore Dieudonné Soglo, en pleine campagne pour les présidentielles. Nous y verrons encore toute la force des mânes de nos ancêtres pour protéger et sauver un des leurs.

Tout ce qui précède et que je viens de relater peut prêter à sourire pour n'importe quelle personne sensée et cartésienne. Moi aussi je l'étais et le suis encore aujourd'hui malgré ce qu'il m'a été donné de voir et de vivre suite à l'envoûtement que subira mon père et que les Béninois décriront comme « un Tchakatou ». Il s'agit d'une pratique mystique et maléfique où, à l'intérieur de feuilles de baobab, on vous envoie des tessons de bouteilles, des clous et j'en passe.

Nicéphore Soglo sera terrassé par ce mal mystérieux suite au grand meeting qu'avait organisé feu monsieur Koura, notable de la ville de Djougou. Ce soir-là en rentrant au domicile de ce dernier, le Premier ministre aura une très forte fièvre et tombera dans le coma quelques jours plus tard. Il nous dira avant de perdre définitivement connaissance qu'il avait ressenti une grosse piqûre au bas du dos. Les Béninois ne le verront finalement qu'à la prestation de serment qui le vit perdre connaissance après son discours, diminué qu'il était de 40 à 50 kg en moins.

Entre-temps, nous étions passés par toutes les phases de découragement et d'abattement. Mes parents en effet, partis dès leur plus jeune âge en France, abordaient de façon circonspecte nos pratiques mystiques et culturelles.

Pourtant un dimanche matin, Mme Rosine Vieyra-Soglo dut se résoudre à l'impensable : accepter qu'on puisse faire appel à quelqu'un pour « désenvoûter » son mari. Ce jour-là donc, nous avons porté le Président Soglo sur une chaise afin de l'installer au balcon de sa chambre pour prendre un peu d'air. Il souffrait le martyre et avait le teint gris. Le général Goasguen qui officiait aux côtés du Premier ministre comme docteur de coordination avec le professeur Honoré Odoulami, beau-frère de Nicéphore Soglo, demanda à nous voir tous en présence de ma mère. Désiré Vieyra, le frère de

Rosine Vieyra-Soglo, ministre de la Défense était présent ainsi que mon frère et moi-même. Il nous dit alors : « Madame, la médecine occidentale ne peut plus rien pour votre mari. J'ai été en poste il y a quelques années à Madagascar et l'une de mes filles, envoûtée, a été sauvée par un « chaman local ». Vous devez faire de même pour votre époux. Son seul salut passe par les vôtres. »

Rosine Vieyra Soglo, ma mère, se résolut à cette requête et c'est son grand frère Désiré Vieyra, avec le concours du père de Hounga Antoine qui parviendront à amener un villageois sorti du Bénin profond aux fins de sauver son époux.

Cartésien dites-vous ? Alors restez bien assis ! Le jour en question, nous fîmes rentrer notre compatriote à l'intérieur du domicile familial aux Cocotiers et nous installâmes le Président Soglo dans la chambre de Mamy, sa mère bien-aimée. Nous étions tous rassemblés : Désiré Vieyra, Saturnin Soglo, Fari Vieyra, Léhady Soglo, moi-même et bien évidemment l'amazone qui avait fait toute la campagne présidentielle du premier et deuxième tour pour son mari – qui était alors dans le coma –, Rosine Vieyra Soglo. Par précaution, pour la sécurité du nouveau Président élu, nous fouillâmes de fond en comble ce monsieur qui nous demanda une bassine et une éponge. Rien de l'extérieur n'était entré dans cette pièce où, pendant plus d'une heure, il se pencha près des oreilles du Président en invoquant des incantations, criant parfois sous la fumée d'encens qui emplissait la chambre. Enfin, après ces actes salvateurs, il nous demanda la bassine – remplie d'eau – et l'éponge. Ce qui s'ensuivit dépasse l'entendement ; le mystique se mêlant au surnaturel. Des clous, des punaises, des lames et des tessons de bouteille remplirent la bassine sous nos yeux médusés. Les mânes de nos ancêtres veillaient… et continuent à veiller sur le clan.

Nicéphore Soglo échappera à une mort certaine.

Quelques mois plus tard, à son retour de convalescence, il enclenchera les préparatifs pour lancer « Ouidah 92 » autour de la fête du vaudou et des religions endogènes.

« Ouidah 92 » valorisera le savoir-faire et la créativité de nos artistes plasticiens béninois à l'instar de Cyprien Tokoudagba, Kouas, Sinzogan par la présence d'œuvres qu'on peut toujours contempler dans la forêt sacrée de Kpassèzoun et le long de la route des esclaves. Tandis qu'en ce moment même l'actuel gouvernement nous vante les deux monuments de l'Amazone et de Bio Guerra réalisés par des mains étrangères et financés par le contribuable béninois sans qu'on en connaisse seulement les montants !

La date du 10 janvier sera alors sacrée « fête nationale du vaudou ». Une façon pour lui de remercier les mânes de nos ancêtres. Nicéphore Soglo, dont on doit louer cette vision historique d'avoir réhabilité la religion de nos ancêtres, a indubitablement permis un nouveau regard sur le vaudou ; on en parle d'ailleurs aujourd'hui avec moins de condescendance et plutôt avec déférence partout au Bénin et dans le monde. N'avons-nous pas tous à l'esprit l'arrivée du pape Jean-Paul II le 3 février 1993 lorsqu'il prêche en faveur d'une « nouvelle évangélisation » tenant compte des réalités culturelles, sociales et religieuses locales ? Et il consacrera définitivement cet état de fait. C'est ainsi que le 4 février, il rencontre les prêtres vaudou et plaide en faveur de la liberté religieuse : « L'Église considère la liberté religieuse comme un droit inaliénable, un droit qui s'accompagne du devoir de rechercher la vérité. »

Ici se referment les épisodes vécus par des membres importants de ma famille.

Comme le dit un adage béninois : « C'est au bout de l'ancienne corde qu'on tisse la nouvelle ».

*

Je m'étais finalement allongé sur le siège arrière du véhicule, une douleur vive me terrassant, et Pascal me parlait constamment afin d'éviter que je ne perde connaissance. Je percevais tout de même qu'il conduisait à vive allure, klaxonnant à tout-va pour se dégager des embouteillages. Je dois reconnaître qu'il réalisa un exploit. Parvenir à me ramener à Cotonou en dix-sept minutes. Dix-sept minutes au lieu de quarante. Dix-sept minutes salvatrices. Ce dont je me souviens, c'est d'avoir eu la force d'appeler mon frère Léhady pour l'informer de la situation ainsi que Sylvie d-R.[7] qui n'en crut pas un mot ! Au point de rappeler Pascal pour avoir confirmation qui, tout en conduisant avec dextérité afin de nous éviter un accident, appela plusieurs personnes si la mémoire ne me fait pas défaut, à savoir Sosthène qui nous attendait sur le lieu du meeting, mon directeur Serge K. pour l'avertir du drame ainsi que le domicile du Président Soglo.

---

7 Mère de mon fils Moulero.

Pendant cette échappée, je restais conscient même si je ressentais une forte oppression au niveau de la poitrine. Ne sachant pas exactement où la balle s'était logée, je fus alors terrassé par une grande fatigue et une grosse envie de dormir, les forces me lâchant peu à peu. Finalement, Pascal arriva à bon port et me déposa à la clinique Mahouna à la patte d'oie, un quartier de Cotonou. Il y avait déjà un certain nombre de personnes présentes : certaines de ma famille comme ma cousine germaine Joëlle D. et évidemment Sylvie d-R. – qui jouera un rôle majeur à mes côtés pendant les jours qui vont suivre.

Au cours du trajet me ramenant à Cotonou, j'ai longuement pensé à mes parents et de nombreux visages traversaient mon esprit ; en quelques secondes ils défilaient tous : ma fille bien-aimée Mawéna, mes fils, mes proches et amis. Mais surtout, je songeais à ma mère déjà totalement aveugle et impotente comme elle aimait à l'affirmer depuis son opération de la hanche.

Comment ce roc, cette amazone allait-elle accueillir cette nouvelle ? Elle qui vivait déjà assez mal et avec dignité l'exil forcé de son fils aîné[8] ! Je n'ai jamais eu la réponse. Je ne revis ma mère que le mardi suivant et n'eus pas la possibilité de lui poser la question car elle avait pris les choses en main pour mon évacuation vers la France.

---

8   Léhady Soglo, condamné par Patrice Talon à 10 ans de prison pour abus de fonction, a été contraint à l'exil en 2017.

À la clinique Mahouna, des mains accueillantes et amicales m'extirpèrent du véhicule. Notre médecin familial, le Dr Roméo A. était présent ainsi que ses collègues qui établiront le premier diagnostic et feront les premiers soins. Je fus pris d'une grande soif et demandai à boire. Après m'être hydraté, le Dr Roméo A. remarqua que je suais abondamment. Fort de ce constat, il pensa que j'étais en train de basculer peu à peu dans le coma, ce qui renforça ses inquiétudes.

Il fut alors décidé de m'amener au CNHU de Cotonou pour réaliser des radios et constater l'ampleur des dégâts ; je m'y rendis en ambulance.

Je me suis retrouvé dans une grande salle où on a pu me faire des radios, entouré du Dr Roméo A. et de ses collègues du CNHU. Radios que je ne récupèrerai jamais, étant obligé d'en réaliser d'autres le lundi après-midi. J'ai appris plus tard que ces mêmes radios réapparaîtront lors de l'audience de mon homme de confiance Pascal devant le juge, soit dix jours plus tard. Ceci explique sans doute cela !

Mon père, Nicéphore Dieudonné Soglo, arriva à mon chevet vers minuit et n'avait de cesse de clamer à mes proches qu'il n'aurait pas fallu que je sorte la nuit ! Il semblait en état de choc.

J'ai passé ainsi la nuit aux urgences avec deux autres personnes dans la même chambre. En voyant les radios, le Dr Roméo A., un urgentiste et le responsable des urgences décidèrent de ne pas m'opérer. Mais le premier nommé exigea de Serge K. que tout soit fait afin que je sois évacué à l'étranger le plus rapidement possible, le CNHU de Cotonou ne disposant pas du plateau technique adéquat, compte tenu de la difficulté pour extraire cette balle qui s'était logée proche du cœur.

    Ce soir-là, le Président Soglo conversera avec le commissaire central de Cotonou accompagné d'un de ses adjoints et deux agents des forces de l'ordre et donnera son accord pour qu'il puisse s'entretenir avec moi, sans la présence de mon avocat. J'appris plus tard que vers 23 heures, le député Éric Houndété avec d'autres responsables politiques étaient venus s'enquérir de mon état de santé. Ma tante Françoise, petite sœur de mon père, était là ainsi que mon cousin germain Georgio.

    Le lendemain matin, après une nuit agitée, je reçus la visite de toute la grande famille à savoir mes cousines, cousins germains sans oublier mes tantes et amis. Je ne pus les voir car les visites étaient interdites. Malgré mon état de fatigue, j'acceptai tout de même de recevoir les commissaires centraux de Cotonou et de Zinvié, localité où s'était produite l'agression.

    Je fis donc deux dépositions que je signais sans la présence de mon avocat. Je ne mesurais pas encore l'erreur que je venais de commettre alors qu'avec une mère avocate, j'étais familier de ce type de procédure judiciaire. Sans doute le stress et la fatigue ! Malgré ces dépositions faites en présence de Sylvie d-R. et de Serge K., la communication gouvernementale affirmera un peu plus tard par la voix du procureur de la République dans un communiqué « mon absence de franche collaboration en espérant une meilleure disponibilité pour la suite de la procédure ». Nous sommes tombés des nues.

Dans une réponse, ma cellule de communication rédigera le message ci-après :

« Des recoupements, il ressort que le procureur de la République a fait économie de vérité, pour ne pas dire qu'il a menti ou tordu le cou à la vérité ! et pour cause !

Juste après l'attentat politique perpétré contre lui, Ganiou Soglo a fait une déposition signée dès le samedi 6 février, sans la présence même de son avocat. Il pouvait l'exiger avant toute déclaration à la police. Mais il s'est librement confié. Qui plus est, après cette déposition, il en a fait de même à la police de Zinvié et a échangé plus tard avec le chef de brigade criminelle pour autoriser la perquisition du véhicule. Comment peut-on dire à quelqu'un qui a reçu une balle dans le thorax et dont les côtes ont été fêlées et qui a mené toutes ces démarches de ne pas avoir collaboré avec la police et la justice ? Comment peut-on dire à une telle personne qui doit être évacuée à l'étranger pour subir une opération de n'avoir pas été sincère dans sa collaboration avec la police ? Le ministre Ganiou Soglo jusqu'avant son départ du Bénin pour se soigner s'est rendu totalement disponible. Il en va de même pour ses collaborateurs qui ont été persécutés, harcelés. Son chauffeur et sa femme ont été arrêtés et gardés à vue pendant plusieurs jours avant de recouvrer la liberté. Alors, de quoi parle le procureur ? »

Jusqu'à 16h, ce samedi 6 février, de nombreuses délégations furent reçues par mes proches. Seuls le président Boni Yayi et la ministre Reckya Madougou auront la possibilité de me voir de brefs instants. Mais en fin de matinée, je vécus ma première contrariété qui ne fit qu'augmenter le stress occasionné par ce que j'avais vécu la veille. Mon chauffeur et homme de confiance Pascal A. avait en effet disparu. En recoupant différentes sources d'information, j'appris que les forces de l'ordre l'avaient encerclé et menacé afin qu'il les suive sur les lieux de l'attentat. Et ceci, sans la présence de mon avocat, ce que j'avais formellement exigé auprès du chef de la brigade criminelle. Il fut par extraordinaire le premier suspecté !

Je passe sur les détails des intimidations qu'il a subies ce jour-là ainsi que sur ce qui se passa les jours suivants.

Le soir, à son retour, Pascal me raconta que, devant son refus de les suivre, un des responsables, portant ostensiblement la main au fourreau de son arme de service, lui conseilla gentiment : « si vous ne les suivez pas, vous allez le regretter à jamais. » Ils l'emmenèrent *manu militari* sur le lieu de l'attentat recueillir des éclats de vitres cassées et autres indices. Puis autour de 14h, ils se rendront sur ma plantation et discuteront avec les villageois qui confirmeront effectivement le rendez-vous manqué de la veille.

Après un passage à « Vidolé »[9], siège de l'ONG de madame Rosine Vieyra-Soglo vers 17h où était garée la Toyota 4X4, mon directeur Monsieur Serge K. refusa que Pascal le suive à la brigade criminelle. J'avais besoin de sa présence auprès de moi. Mais Pascal n'était pas au bout de ses peines et moi non plus.

Le lendemain soir, c'est-à-dire dimanche 7 février, il reçut un appel du commissaire lui demandant de se rendre à la brigade criminelle le lundi à 16h. Il y fera une déposition en présence de M. Serge K. et sera de nouveau convoqué mardi à 16h avec Sosthène et toujours mon directeur. Sur ordre du procureur d'Abomey-Calavi, il sera mis en garde à vue pour cause d'enquête jusqu'au lundi 15 février, date de sa libération. Entre-temps, le samedi 13 au matin tôt, on le conduisit à son domicile pour perquisitionner à Pahou, localité proche de Ouidah. Ils passeront le reste de la journée en cellule jusqu'au soir pour l'épouse de Pascal qui sera finalement relâchée suite à la venue et à l'intervention à la brigade criminelle du Président Nicéphore Soglo ce soir-là, affichant une colère sans nom !

Vous pouvez facilement imaginer dans quel état de contrariété je me trouvais en apprenant tout ce que mon fidèle compagnon et son épouse enduraient alors que je n'étais physiquement pas capable de

---

9 Association Vidolé (signifie : « L'enfant est un trésor » en langue fongbé) : association caritative béninoise fondée en 1991 et dirigée par Rosine Vieyra-Soglo, située à Cotonou.

leur apporter mon concours. Pascal m'avait bel et bien sauvé la vie ce vendredi 5 février et, pour cela, il subissait un harcèlement sans précédent.

« Dix-sept minutes pour vivre », c'est le temps qu'il fallut à mon fidèle chauffeur Pascal pour me conduire en lieu sûr. Il aurait pu conduire beaucoup plus lentement s'il avait souhaité une autre issue à ce drame. Il aurait même pu s'arrêter au moment de l'attaque s'il avait été complice de quoi que ce soit ! Et le juge qui lui avait demandé s'il y avait un lien de parenté entre nous pour qu'il puisse être mon homme de confiance ! Quelle question incongrue !

Samedi soir donc, aux alentours de 20 heures, je quittais les urgences pour une autre chambre à l'autre extrémité du bâtiment central. Malheureusement pour ma sécurité, les responsables de l'hôpital ne retrouvèrent pas les clefs de la chambre et la fenêtre qui donnait sur une cour ne pouvait pas se fermer. À côté de ma chambre, semble-t-il, se trouvait le parent d'un des responsables de la « rupture »[10] entouré d'agents de la sécurité. L'apparition d'un docteur accompagné d'un individu non identifié par le premier, et qui se révèlera être un agent des services de renseignement reconnu par mon avocat,

---

[10] Boni Yayi avait fait sa campagne victorieuse sous le thème du « changement » et Patrice Talon était son principal bailleur. Dix ans plus tard, Patrice Talon veut rompre avec les pratiques de son prédécesseur et le mot rupture devient le leitmotiv de sa campagne. Son régime est surnommé par le peuple : régime de la rupture.

nous contraignit à prendre la décision vers 23 heures de retourner à la clinique Mahouna.

Mes proches étaient-ils devenus soudainement paranoïaques au point qu'ils prirent cette décision pleine de bon sens ? Comme le dirait ma défunte mère : « Tant que toi-même tu n'es pas en situation… ! »

Le dimanche 7 février, je reçus la visite de la ligue des droits de l'homme avec à sa tête maître Baparapé. La députée madame Affo Djobo, aujourd'hui en exil, les recevra à ma place car j'étais assoupi après tout le stress accumulé de la veille. Beaucoup d'autres visites eurent lieu ce jour-là, mais ce n'est que le soir que je m'entretins à la radio de TV5 Afrique et avec la journaliste Rachida Houssou de Radio frisson et de la BBC Afrique. Je leur réaffirmais mon engagement à poursuivre le combat pour les libertés dans mon pays en leur donnant des nouvelles de mon état de santé. Maintenant, je reste convaincu que cette agression n'en était pas une mais ressemblait plutôt à une tentative d'assassinat en guise d'avertissement ou pour me faire taire définitivement. Je pus alors m'entretenir plus tard avec le docteur Roméo A. inquiet pour mon état de santé, pour la dernière fois, car je ne l'ai pas revu jusqu'à mon départ le jeudi 11 suivant. Je lui faisais savoir mon désir de rentrer au domicile familial pour profiter de ma mère avant mon évacuation. En fait, plus qu'un désir, une exigence ! J'avais très peur pour ma mère bien-aimée, à raison, puisqu'elle nous quitta quelques mois plus tard épuisée, terrassée par tant d'injustices vécues.

Les pressions autour de la clinique Mahouna prirent une nouvelle tournure. Tous les médecins, infirmières et infirmiers qui étaient à mon chevet depuis vendredi et samedi soir avaient disparu. Tous furent remplacés par de nouvelles têtes mais avec Sylvie d-R. et Serge K., nous n'allions pas rester les bras croisés. Nous décidâmes ainsi de faire de nouvelles radios et nous nous rendîmes au centre d'imagerie du Dr Boco Vicentia[11] (nièce de ma mère), centre mitoyen à la clinique « les grâces » à Cotonou le lundi après-midi.

À la vue des clichés, elle m'envoya le message suivant :

« Bonjour Galiou, je t'envoie une image montrant la balle. Elle a été arrêtée par la côte qui s'est fracturée en mille morceaux, explosée. Sans elle, la balle aurait traversé le poumon et touché les gros vaisseaux. Tu as eu de la chance. Tu es béni des Dieux et de nos ancêtres. »

De retour à la clinique Mahouna, les propos de l'un des infirmiers nous parurent surréalistes et contribuèrent à alourdir encore plus l'atmosphère si singulière qui régnait ; il s'adressa à moi sur un ton grave : « Monsieur le Ministre, vous n'êtes plus en sécurité à la clinique, il faut rentrer chez les parents,

---

11 Cf. document en annexe.

il n'y a que des agents des renseignements autour de la clinique. »

Vers 22 heures, nous reçûmes la visite d'un médecin que je n'avais jamais vu auparavant. Le Dr Bori B., apparemment spécialiste de ce genre de traumatisme, au vu des clichés effectués, nous livra un message tout à fait édifiant :

« Monsieur le Ministre, tout est en ordre. Il n'y a pas lieu de s'inquiéter. Vous pouvez même vivre avec cette balle logée dans votre poitrine… au mieux, je vais vous faire une ordonnance afin qu'on vous achète un plastron que je comprimerai pour faire sortir la balle par là… où elle est rentrée. »

Avec Sylvie, nous avons échangé un regard, en nous demandant s'il ne nous prenait pas pour des idiots ! Alors qu'au même moment les services médicaux de la compagnie d'assistance, au regard des premiers clichés, nous faisaient parvenir un courrier signalant l'urgence de me faire enlever cette balle logée dans la poitrine sous peine de provoquer une infection pouvant évoluer en septicémie… Mais nous n'étions pas encore au bout de nos surprises quand ce même docteur affirma que, malgré le fait que je sois en pleine forme, il faudrait que je reste à la clinique Mahouna une dizaine de jours supplémentaires.

« Je vais vous changer votre protocole médicamenteux et vous faire une prise de sang demain matin ». Je lui réponds alors : « docteur, si je suis en pleine forme, alors je vais pouvoir dès demain me rendre au domicile familial pour retrouver mes parents en particulier ma chère mère. Comment leur annoncer que je n'ai plus besoin de voyager à l'étranger malgré l'insistance des médecins français ? »

Je continuais avec beaucoup d'ironie : « Vous êtes un précurseur, un Didier Raoult[12] béninois… afin de rassurer mes parents, il serait souhaitable que vous fassiez une conférence de presse, qu'en pensez-vous ? »

L'homme ne se démonta pas et accepta la proposition faite pour le lendemain. Quand il quitta la chambre, je pris la décision avec Sylvie de quitter la clinique Mahouna aux premières lueurs du jour.

Vers 6h30 du matin, un infirmier frappa à la porte de ma chambre pour me faire une prise de sang. Je refusai catégoriquement et le mis dehors sans ménagement.

Le lendemain matin, je quittais la clinique Mahouna vers 8h, non sans avoir signé une décharge auprès de l'administration signalant que je ne me sentais plus en sécurité dans leur établissement[13]. Je n'en voulais absolument pas à tous ces méritants docteurs, infirmières et infirmiers qui avaient plusieurs fois pris soin de moi et de mes parents. Mais ils ne

---

12 Didier Raoult, né le 13 mars 1952, à Dakar au Sénégal, est un microbiologiste français, spécialiste des maladies infectieuses ; il a été au cœur d'une polémique durant la crise de la Covid en France en 2020.

13 Cf. document en annexe.

contrôlaient plus la situation, les hommes des services de renseignement ayant investi les lieux. Ils me virent alors rentrer dans mon véhicule et quitter la clinique sans pouvoir m'en empêcher. Le plus cocasse dans ce vaudeville fut que le Dr Bori B. appela furieux Sylvie d-R. vers 11h30 pour lui demander pourquoi nous avions quitté la clinique. Non sans avoir pris la peine de m'envoyer un message à 11h15 : « bonjour ! j'ai appris que vous êtes parti contre avis médical… ? Je vous recommande de faire une radio du thorax de face ! » Elle lui remonta les bretelles et je lui rappelai que j'étais encore libre de mes choix et que ce n'était pas lui, tout docteur qu'il était, qui allait décider à ma place. Je lui raccrochais le téléphone au nez car il ne valait même pas la peine que je gaspille ma salive pour lui.

Une fois au domicile, souffrant énormément, n'étant plus perfusé, n'ayant aucun calmant ni antidouleur, Sylvie eut la lumineuse idée d'appeler l'ambassade de France qui nous dirigea vers un autre docteur. Elle s'occupa de mes soins avec doigté et professionnalisme jusqu'à mon départ prévu le jeudi 11 février à 14h30.

Entre-temps, j'avais reçu la visite en début de soirée du Commissaire de la Brigade criminelle accompagné de deux de ses collaborateurs. Je pense qu'ils auront fait un compte-rendu fidèle au procureur de la République.

Je souffrais évidemment le martyre ! Je descendis dans le patio où m'attendaient mes avocats pour la circonstance. Complètement groggy, je rappelais alors à ces messieurs que j'avais fait dès le samedi des dépositions signées par mes soins auprès des commissaires centraux de Cotonou et d'Abomey-Calavi. Je n'avais plus rien d'autre à ajouter d'autant que ma santé se dégradait. Et que s'ils avaient d'autres questions à poser, mes avocats étaient présents pour cela. Sur ces entrefaites, je les quittai et remontai dans ma chambre me reposer. Il faut tout de même rappeler que ma mère, en sa qualité de juriste, m'avait fortement conseillé, au vu de mon état, de laisser mon conseil juridique recevoir ces messieurs.

Cette journée du 11 février fut chargée en émotion. Nous avions été prévenus par la compagnie d'assistance que l'avion atterrirait à Cotonou vers 14h30. Le correspondant béninois qui travaillait avec eux depuis plusieurs années, lui aussi docteur, vint dans la matinée et nous suggéra de faire rentrer l'ambulance qui devait me conduire à l'aéroport dans le garage de mes parents une heure avant mon départ. On me fit comprendre que depuis la tentative d'assassinat avortée, des agents des services de renseignement en civil tournaient en pick-up autour du domicile du Président Soglo. La compagnie d'assistance avait même fait parvenir un courrier à leur correspondant béninois suggérant que le Président Soglo fasse partie de la délégation qui me conduirait à l'aéroport. Ce que mon père fit finalement. Au moment d'embarquer dans l'ambulance, j'étreignis très fort ma mère qui se trouvait dans son fauteuil.

« Que Dieu te garde mon fils et reviens-moi vite. » Tant d'émotion intense dans ces mots chaleureux me fit fondre en larmes dans les bras de ma mère car je pouvais ressentir dans ma chair toute sa douleur. À l'heure dite, on me plaça dans l'ambulance qui se trouvait toujours dans le garage. Deux infirmiers s'y trouvaient ainsi que le médecin principal. Afin d'ouvrir la voie, le véhicule du Président Soglo prit place en tête de cortège. Mon aîné, Dah H., ancien questeur de l'Assemblée nationale et notable de la cité royale d'Abomey, suivait dans un autre véhicule ainsi que mes avocats. Sylvie d-R. accompagnait mon père. Le médecin à l'intérieur de l'ambulance, stressé par la situation, s'exprimait à haute voix en espérant que les militaires à l'aéroport nous laissent passer afin d'avoir accès à l'avion médicalisé venu de Bordeaux. Nous avions eu beaucoup de chance car Covid oblige, la plupart des avions étaient déjà réquisitionnés et il avait fallu tout l'entregent de Véronique D. pour qu'on puisse nous en affréter un.

La barrière conduisant au tarmac finit par se lever devant le 4X4 du Président Soglo. Les militaires vinrent au-devant de l'ambulance et je reconnus certaines têtes familières qui exprimèrent une profonde peine en me voyant. On autorisa seulement le véhicule de mon père et l'ambulance à se rendre au niveau de la passerelle de l'avion. Sylvie d-R. était extrêmement émue et vint m'embrasser en m'exprimant toutes ses bénédictions pour le vol et la suite. Mon père quant à lui s'entretenait avec le commandant de bord et le médecin avant le décollage de l'avion qui m'amena à Paris aux alentours de 22h.

La traversée se déroula étonnamment sans aucune turbulence. J'appris par la suite que les pilotes, en fonction de ma pathologie, avaient dû adapter le plan de vol car les médecins de la compagnie d'assistance préconisaient un vol « altitude 0 » pour éviter le moindre mouvement afin que la balle ne bouge pas. On atterrit finalement autour de 21h30 à l'aéroport du Bourget où m'attendait une ambulance qui me conduisit à l'hôpital des Armées Percy de Clamart. Étaient déjà présents Véronique D., Raman S. et un ami stéphanois Bertrand R.. Dès mon arrivée, les responsables de l'hôpital militaire mirent les « petits plats dans les grands ». Et je les en remercie vivement. De même, j'ai une pensée chaleureuse pour tout le personnel médical béninois de la clinique Mahouna et du CNHU. Et comment ne pas mentionner tous les amis et les milliers de Béninoises et Béninois qui m'envoyèrent des messages tous les jours et me témoignèrent ainsi tout au long de ces moments douloureux leur affection ? Il me faudrait bien des pages pour tous les citer !

Toujours est-il que dès mon arrivée, je fus pris en charge par le staff médical et on me fit des examens jusqu'à tard dans la nuit car j'appris que mon opération se déroulerait le lendemain dans la matinée. Une des responsables de la sécurité militaire adjoindra deux militaires qui seront à mes côtés toute la durée de mon séjour à l'hôpital. Le Dr Boddaert m'opéra le vendredi 12 février avec succès et ne put s'empêcher de me dire que j'étais un vrai miraculé ! (sic). Sorti de l'hôpital, je serais soutenu par mon frère et sa famille qui seront aux petits soins pour moi. Pendant tout mon séjour, il ne ratera pas une journée sans venir me voir. Que dire également de l'attention de Raman S. et de sa tendre compagne Éva qui ne ménageront jamais leur peine à mon égard ? Je fus amplement entouré d'affection et de tendresse par tous mes amis et proches vivant en région parisienne et alentours.

Mais il y eut une ombre au tableau qui me chagrina profondément : le rôle néfaste que joua mon ex-épouse dans cette histoire. Je ne sais toujours pas pourquoi elle prit un malin plaisir à se répandre en insanités sur mon compte auprès de proches. On lui avait fait parvenir, je ne sais qui, et comment ?[14], le document signé par mes soins de mon refus d'hospitalisation[15]. Document dans lequel j'indiquais ceci : « Je tiens à rappeler à toutes fins utiles les circonstances qui ont motivé mon départ de la clinique Mahouna. En dépit de mes observations répétées au corps médical sur mon sentiment d'insécurité relatif à la présence détectée de policiers en civil, et

---

14 N.D.L.R : son témoin de mariage n'est autre que Claudine Talon et le parrain de sa fille n'est autre que Patrice Talon lui-même.
15 Cf. document en annexe.

d'agents du procureur de la République annoncés à maintes reprises pour avoir accès à mon dossier médical et de façon factuelle dans les dernières 72 heures auprès du personnel soignant, j'ai pris la décision, pour mon intégrité physique et psychologique, de quitter la clinique Mahouna. Je tiens à indiquer fortement que les préoccupations soulevées ne sont pas adressées à la clinique Mahouna et son personnel mais sont liées à la pression psychologique et de haute tension qu'il semble y avoir. Fait à Cotonou le 9 février 2021. »

À la lecture de ce document que des personnes lui firent parvenir, la mère de ma fille s'amusa à me dénigrer. À quelles fins ? Pour le compte de qui ?

Petit florilège des sms envoyés :

« Vraiment, il s'amuse avec sa santé ton gars là. Franchement à quoi il joue. Tout le monde sait qu'on lui a tiré dessus puisqu'ils ont tout fait pour. Il sort pour aller où. Il veut cacher quoi, ou bien la balle est sortie. En tout cas c'est bien son écriture et sa tournure de phrases. Bisous. »

« Si tel était le cas, il n'avait pas besoin de raconter sa vie plus bas. C'est lui-même qui a informé la terre entière. Que veux-tu qu'on divulgue de plus dans son dossier médical ? J'ai l'impression qu'il *play* avec sa vie. Depuis là on le rapatrie pas et la balle est toujours là. Je ne pense pas que ce soit top d'avoir un métal d'après ses dires proche du cœur. Ou bien la balle est déjà retirée. On m'a fait parvenir ce document. Je reconnais son écriture et sa tournure de phrase et je trouve son contenu stupide. De quoi parlons-nous ? Une décharge. On ne te demande pas de raconter ta vie. C'est tiré par les cheveux. Tout ça c'est vraiment pas mature et raisonnable. »

« Mais bon c'est juste pour info, car en réalité je ne me sens pas concernée. »

Pour quelqu'un qui ne se sentait pas concerné… j'ai trouvé ses écrits malheureux.

Avait-elle une idée de ce qui se passait au Bénin depuis l'avènement du Président Talon en 2016 ? Des morts en 2019, des exilés, des prisonniers politiques…

Avait-elle oublié les propos tenus par Patrice Talon alors en exil en France sur son sentiment d'insécurité qui lui valut de prendre la fuite suite à une tentative d'empoisonnement présumé sur le Président Boni Yayi ? Et ses deux avocats personnels, initiateurs des mercredis rouges[16], appelant à la liberté d'expression, aux acquis de la conférence nationale et de la constitution de 1990 et plus largement de la démocratie au Bénin ?

Oui, elle avait oublié.

---

16 Le Mercredi rouge est un mouvement de protestation non structuré lancé en juillet 2013 au Bénin par certaines organisations de la société civile pour protester contre la réforme constitutionnelle voulue par le président Boni Yayi. Les partisans du mouvement se réunissent tous les mercredis en portant T-shirts, bracelets ou casquettes rouges.

Cette sortie dantesque de mon ex-épouse coïncidait bizarrement avec la vaste campagne de désinformation qui était orchestrée depuis Cotonou dès mon évacuation sanitaire. Des officines et des klébés[17] œuvraient à tout-va ! On expliqua même par la voix du garde des Sceaux devant un parterre d'ambassadeurs de l'Union européenne que cette douloureuse tentative d'assassinat n'était qu'un canular et que j'avais voulu attirer l'attention sur ma personne. On raconta que tout cela était du cinéma… Même le juge exprima son étonnement quand il eut ma version des faits.

Que l'on puisse seulement imaginer une telle machination m'affectait profondément, moi qui avais toujours été porté par des principes et des valeurs, qui aimait infiniment mon pays et son peuple, qui avais milité à la base dans des associations pour mieux connaître le terrain, animé l'école du parti de la Renaissance du Bénin (RB), avais travaillé les champs comme mes concitoyens, moi qui croyais en cette terre et avais servi l'État de toute ma force… Pourquoi voulait-on ternir cet engagement qui était le mien de servir une communauté, l'œuvre la plus noble d'une vie ?

Des événements antérieurs qui étaient loin d'être anodins me revenaient en mémoire… Il faut rappeler

---

17 Au départ, c'étaient des collaborateurs civils des douaniers que ces derniers utilisaient sur le terrain. Depuis quelque temps, c'est un mot qui fait son apparition dans le jargon béninois sur les réseaux sociaux pour désigner les larbins utilisés par la classe politique béninoise pour de basses besognes sur la toile.

que dès le 4 mai 2019, j'avais fait l'objet d'une surveillance étroite et d'une campagne d'intox sur les réseaux sociaux où avaient circulé, à coups de montages vidéos grossiers et de commentaires divers, de fausses informations pour me discréditer, m'accusant d'être, avec Boni Yayi, au cœur de manigances de soulèvement en corrompant des citoyens et d'être ainsi responsable des émeutes de Cadjehoun.

La machine n'avait donc jamais cessé d'être en marche…

Pourtant dans l'éditorial de Titus Folly dans *L'Afrique en marche*, on pouvait dès le 8 février lire un grand article relatant la tentative d'assassinat dont j'avais fait l'objet et éclairant parfaitement cet engagement (que nous reproduisons intégralement)[18] :

Galiou, ceci explique-t-il cela ?

Il accumule, depuis 2016, une série de brûlots seul ou en groupe avec d'autres exilés contre le régime de la « Rupture ». A-t-il été « flingué » pour cela ? A-t-il payé un lourd tribut pour son audace ? Le Parquet après le tribunal de première instance de Calavi avec toute la dextérité de ses commis de l'État nous rassure et nous prie de prendre notre mal en patience. Analyse dans l'exercice de l'éditorial du jour.

Revenons à notre problématique, on retient que face au grand nombre d'aspects contradictoires et d'étrangetés de la « Rupture », Galiou Soglo a été toujours inclassable. Dans la « Résistance forcée » née des législatives exclusives de 2019, on ne savait le situer. Certains le disaient dans une démarche classique de l'action politique à droite. D'autres le voient à gauche ou même aux extrêmes de chaque obédience.

---

18 Cf. Première de couverture et article en documents annexes.

Dans l'une ou l'autre position du damier, il était capable de rebondissements. Certains pensaient qu'il « abusait » de son prénom de fils d'ancien président de la République. Mais dans le feu de l'action, sa trajectoire politique depuis quatre ans est au-delà de ce curseur réducteur.

Que retenir de son activisme politique ?

Il a donc choisi par ses formes et formules d'écrire l'histoire du Bénin. Quand il agit de manière solitaire, cette histoire comparativement à l'analyse esquissée dénonce la prépondérance de ceux qui nous dirigent et qui entérinent la paupérisation du peuple. Quand il agit de concert avec les exilés pour écrire à la CEDEAO, à l'UA, à l'ONU, en fonction de ces différents types d'auditoire, on a droit à une sorte de SOS à l'endroit de la communauté internationale pour donner une bouée de sauvetage au Bénin en péril. Galiou Soglo est devenu donc un héros fitzgeraldien dont la densité et le magnétisme gênent. Sous cette apparence corsetée et avec la profondeur véritable de ses idées, on devine les charges transgressives de cet acteur de la vie politique qui savait monter les enchères. Il lui arrive de jurer qu'il est prêt à en payer le prix.

Au regard de son ascension a-t-on songé à sa chute ?

Autant son charisme séduit, autant qu'il intrigue. Avec énergie, audace, habileté, séduction et intelligence, il était inassimilable et multipliait les réquisitoires, factums et pamphlets contre le « Bénin révélé ». Lors du dépôt de sa candidature quatre jours avant la tentative d'assassinat contre lui, il jurait être candidat sur la base de la Constitution de 1990 mise sous le boisseau.

Entre complexités et abnégation, sa candidature apporte tel ou tel type de réponse à telle ou telle batterie de questions sur le cadre règlementaire après la révision de la Constitution le 1er novembre 2019. Ainsi, Galiou Soglo a su démontrer dans le contexte de la « Rupture » que la vie politique porte de nos jours de plus en plus sur des visions diffractées.

« Présentez-vous pour le prochain quinquennat 2021-2026 et on vous bâillonne ». La candidature de Galiou Soglo à la prochaine présidentielle n'a-t-elle pas été perçue dans certains cénacles comme une provocation de trop ? La goutte d'eau a-t-elle fait déborder les vases dès ces instants ?

Le procureur de la République de Calavi compétent juridiquement, nous exhorte pour le moment à ne pas franchir des rubiconds. Il faut donc espérer de tout cœur la victoire du droit grâce au parquet de Calavi pour comprendre les tenants et aboutissants de cette soirée du 5 février 2021 qui a failli être fatale à Galiou Soglo.

La vie est belle. Et chaque jour est une vie. Prenons-la du bon côté et demain, il fera beau sur la grande route.

Ce n'était donc pas une affabulation ! Car si j'avais organisé ma propre agression, j'aurais fait en sorte de n'être que partiellement blessé et non en pleine poitrine.

N'avions-nous pas été prévenus *urbi et orbi* que ce Bénin d'aujourd'hui serait gouverné par « la ruse et la rage »[19] et que tout était désormais permis (sic) ?

Bien plus tard, à mon retour de convalescence, ce n'est qu'en octobre 2021 que je serais finalement reçu par le juge à Abomey-Calavi, soit huit mois après cette tentative d'assassinat ratée. J'attends toujours les conclusions de cette affaire au moment où j'écris ce texte (et nous sommes en septembre 2022).

***

---

19 Propos tenu par l'avocat du Président Talon, ancien président de la Cour Constitutionnelle, Me Djogbénou.

Je finis par rentrer début avril à Cotonou, soit quelques jours avant le 1er tour de l'élection présidentielle.

La tentative d'assassinat dont j'avais fait l'objet ce fameux 5 février 2021, la première depuis le renouveau démocratique sur un candidat à l'élection présidentielle et qu'on avait tenté d'expliquer par « le coup de braqueurs » jamais retrouvés, me ramenait brutalement à une triste réalité : on avait franchi la ligne rouge.

Cette tentative d'assassinat constituait un électrochoc et remettait en lumière toutes les lignes qui avaient déjà été franchies…

Comment ne pas rappeler en effet que l'arrestation de nombreux politiques, comme Reckya Madougou, Joël Aivo, Joseph Tamégon ou même mon aîné le ministre Hountondji, était la preuve criante d'une volonté de déstabilisation au plus haut niveau de l'État de la vraie opposition béninoise ? Que dire de l'irruption de la violence dans notre *modus vivendi*, quand on pense aux images de tirs sur les populations de N'dali, Tchaourou ?

Mais doit-on être surpris de ce qui nous arrive ? Avons-nous déjà oublié ce mot prophétique « exclusion », entonné comme le cri de ralliement par toute une nation à la Conférence nationale en 1990 et par les chantres de la « rupture » en 2015 que sont Séverin Quenum et Djogbénou ?[20]

---

20 Séverin Quenum et Djogbénou sont les anciens avocats de Patrice Talon qu'il nommera respectivement le premier garde

L'ancien président de la Cour Constitutionnelle, maître Djogbénou rappelant en 2015 en ces termes : « sur l'exclusion, il faudrait que nous puissions refuser cela et en tant que politiques nous allons jouer notre part. » L'actuel garde des Sceaux, quant à lui, ira plus loin en parlant de « vandalisme de l'État » et en appelant même à une mobilisation citoyenne ; il cite : « ceux qui ont conduit le fameux concept d'ivoirité ont amené leur pays à la guerre civile. » Il faisait allusion alors au régime démocratique depuis 1990 où l'alternance était de règle. Il fallait toujours selon lui défendre les valeurs et les principes de la constitution de 1990 où chacun devrait se sentir libre et où on ne pourrait pas contraindre un citoyen à l'exil, et à devenir apatride. Assénant, pour terminer, que ce sont ces types de comportements politiques qui compromettent la cohésion nationale.

---

des Sceaux, le second Président de la Cour constitutionnelle dans son gouvernement. Rappelons tout de même que les deux précités étaient avocats-conseils de Patrice Talon alors en exil suite à sa présumée tentative d'assassinat et de coup d'État sur la personne du Président BoniYayi. En effet, lorsque le Président Boni Yayi était en mission à Bruxelles en octobre 2012, il fut victime d'un complot ourdi par son ancien ami et argentier Patrice Talon ; ce dernier aurait soudoyé le médecin personnel et la gouvernante néanmoins parente du Président en promettant la rondelette somme d'un milliard de FCFA pour chacun s'ils réussissaient à faire ingérer au Président de l'époque des médicaments mortels à la place des antidouleurs qu'il prenait habituellement (à en croire France 24 - article du 23/10/12). Heureusement la funeste entreprise fut découverte et annihilée. L'actuel Président de la République Patrice Talon cité comme commanditaire prendra la fuite caché dans le coffre d'une voiture banalisée pour sortir du pays.

Aujourd'hui nous sommes violemment ramenés à une dure réalité. Tout est fait pour tenter d'effacer de notre mémoire collective la Conférence nationale et la constitution de 1990 rendues possibles par l'émanation du peuple. On souhaite même changer l'hymne national et le nom de notre pays sans consultation populaire d'après des rumeurs insistantes. On veut flatter l'ego du « Fon » en oubliant que l'ambition et la conception du pouvoir des rois d'Abomey étaient un Dahomey toujours plus grand, donc un Bénin toujours plus grand, pas pour le peuple fon mais pour l'ensemble des Béninois. Il semble bien que l'objectif caché derrière de telles décisions soit d'édifier une nouvelle république où le Président Talon pourrait briguer un nouveau mandat de sept ans en 2026. Pour ce faire, on assiste à un durcissement du pouvoir caractérisé par l'adoption d'une série de lois et d'une révision opportuniste de la constitution.

Cet état de fait a amené la Cour africaine des droits de l'homme (CADHP) à rendre un arrêt très critique envers l'Assemblée nationale estimant que la constitution révisée par le parlement en novembre 2019 devait être abrogée.

La CADHP accusait alors les autorités d'avoir « violé » les idéaux de la constitution de 1990 et ordonnait le retour à ce texte avant les prochaines élections présidentielles de 2021. Cette révision constitutionnelle s'étant faite en violation de la charte africaine de la démocratie des élections et de la gouvernance et de son principe de « consensus national ». Ce texte de l'Union africaine adopté en 2007 s'impose selon elle aux pays signataires, dont le Bénin.

Pour la cour, les deux moyens d'arriver à ce consensus, à savoir la « consultation de toutes les forces vives » ou le « référendum », n'ont pas été suivis et la réforme a ainsi été adoptée par un parlement totalement acquis au Président Talon après les législatives sans opposants d'avril 2019. La cour a alors conclu que ce texte rompait le pacte social et faisait craindre une menace réelle pour la paix au Bénin. Pour toute réponse, le gouvernement béninois se retirera fin avril 2020 du protocole additionnel permettant aux particuliers de saisir la cour. Ce raidissement de l'État est caractérisé aussi par une monopolisation de la force grâce à la création d'une cour d'exception (la CRIET)[21] avec des juges qui maniaient le droit de sorte qu'elle devint l'ennemie de l'État de droit.

Mais circulez, il n'y a rien à voir !!

Qu'il est loin le temps où Albert Tévoédjré, alors rapporteur général au temps de la Conférence nationale lisait dans le rapport général de la conférence les idéaux exprimés par les participants venant de toutes les contrées du pays ! :

« L'argent ne peut plus être notre maître, notre seul moteur. L'argent devenu notre maître nous dicte

---

21 CRIET : Cour de Répression des Infractions Économiques et du Terrorisme.

toutes nos extravagances, toutes nos faiblesses, tous nos abus. À cause de l'argent qu'il nous faut à tout prix, nous nous mettons en danger de n'avoir plus de culture authentique, plus de liberté, plus de respect pour rien, plus de famille. Le pouvoir ne peut plus être confisqué par quelques-uns pour l'écrasement des autres. Toute société doit s'organiser autour de quelques idées fondamentales et doit se donner les dirigeants pour le conduire et servir les intérêts généraux. Tout pouvoir livré à lui-même devient fou. Les libertés fondamentales devraient être garanties pour tous et nul ne devrait s'arroger le droit de chosifier l'autre et de le mettre à genoux. Notre peuple a souffert dans son histoire de la tragédie de l'esclavage et de la condition servile. Et c'est par tragique inculture historique que des gouvernants indépendants organisent eux-mêmes la dispersion de leurs peuples à travers le monde, faisant de l'état de réfugié le moins anormal qui soit désormais en cet univers de violence et de haine. Sans liberté, il ne peut y avoir de développement durable. »

Oui, nous y avons tous cru jusqu'à l'avènement en 2016 de Patrice Talon.

Un pays sans mémoire est un bateau ivre sans boussole.

En 1990, le peuple, sous la houlette de Nicéphore Dieudonné Soglo, a réussi à se remettre au travail, à renverser des montagnes alors qu'on revenait de très loin, dans un espace démocratique où l'expression plurielle était une réalité.

Il est bon de rappeler les propos de Richard Banégas dans *La démocratie à pas de caméléon*[22] qui écrira que Nicéphore Dieudonné Soglo fut incontestablement l'artisan du redressement spectaculaire d'un pays en faillite. D'immenses réformes structurelles ont été engagées qui ont conduit à un assainissement des finances publiques, à une restructuration des grands équilibres et à une reprise effective de la croissance.

Car s'il y a bien deux dates fortes qui symbolisent notre passé et aussi notre présent, ce sont bien le 1er août, fête de l'indépendance accordée par notre ancien colonisateur la France, et le 19 février 1990, date de la Conférence nationale souveraine soutenue par tout un peuple aboutissant à une nouvelle constitution le 11 décembre 1990.

Deux dates ancrées dans notre mémoire collective.

---

22 *La démocratie à pas de caméléon, transition et imaginaires politiques au Bénin*, éditions Karthala, Paris, 2003 (pp. 209-210).

PERSPECTIVES

*

« Il y a un mensonge, le vrai :
- quand un homme applaudit sans comprendre
- quand un homme ferme les yeux pour ignorer la vérité
- quand un intellectuel troque sa conscience et son âme pour des biens matériels
- quand par peur de la mort ou simplement de certains désavantages, un homme sourit au malfaiteur, au tyran et au voleur
- quand un peuple refuse de se battre, de se responsabiliser parmi les autres.
Et quand un dirigeant agit comme s'il avait inventé son pays.
Quand il ruse avec les lois.
Ce mensonge tue les hommes et les nations. »

Norbert Zongo

*

Le recul démocratique amorcé dans notre pays le Bénin depuis l'avènement de Patrice Talon au pouvoir ne peut être la seule option de gouvernance qu'on nous propose.

Qu'il vous souvienne pourtant qu'en 2014 suite à la décision prise par la cour commune de justice et d'arbitrage (CCJA) de l'OHADA[23] basée à Abidjan qui faisait injonction au gouvernement béninois de payer 129 milliards de FCFA de dommages et intérêts à l'homme d'affaires Patrice Talon pour rupture de contrat, à aucun moment le gouvernement

---

23 L'Organisation pour l'harmonisation en Afrique du droit des affaires (OHADA) est une organisation intergouvernementale d'intégration juridique. Instituée par le traité du 17 octobre 1993 signé à Port-Louis, tel que révisé le 17 octobre 2008 à Québec, cette organisation regroupe à ce jour 17 pays africains et reste ouverte à tout État membre de l'Union africaine, voire à tout État non membre de l'Union africaine qui serait invité à y adhérer du commun accord des États membres. Elle vise à combattre la chute des investissements en Afrique en proposant un cadre juridique commun dans le domaine économique et du droit des affaires.

n'amènera notre pays à quitter l'organisation pour l'harmonisation du droit des affaires en Afrique. Feu le ministre du Développement M. Marcel de Souza avait fortement critiqué cet arbitrage de la CCJA allant jusqu'à évoquer l'éventualité d'un départ de son pays de l'OHADA. Le ministre de la justice Valentin Djènontin faisant lui aussi savoir que l'État béninois ne se sentait nullement engagé par cette décision, n'ayant été ni associé à la demande d'arbitrage de la CCJA, ni entendu sur tout le déroulement de la procédure. La somme réclamée au profit de Patrice Talon correspondant à un prétendu manque à gagner et non à des frais investis qui ont été évalués de leur propre chef par les juges sans le consensus d'aucun expert et dans un simulacre d'écoute de la partie béninoise selon le communiqué gouvernemental.

Celui qui officiait en tant que secrétaire permanent de cette organisation sous-régionale était notre compatriote M. Dorothé Sossa qui ensuite présida la commission portant projet de révision de la constitution en 2019 ; les rumeurs l'annoncent comme le prochain Président de la cour constitutionnelle. Suite à cela et à l'issue de son premier conseil des ministres le 10 avril 2016, le premier magistrat de notre pays se fait rembourser des centaines de milliards tandis qu'il avait durant sa campagne déclaré qu'il ne le ferait pas.

Acte 1 : Que dire de l'institution de la République des lois ? En 2019, la Cour du président Talon crée le certificat de conformité qui est demandé dans la constitution du dossier à fournir pour être candidat aux élections législatives. Sachant que seul le ministère de l'Intérieur est habilité à délivrer ledit document. Résultat : seuls les partis liés à Talon participent à la compétition électorale avec pour conséquence un parlement monocolore.

Acte 2 : En 2020 toujours dans le cadre des élections de proximité[24], on assiste à un simulacre d'élection. Malgré toutes les dispositions prises, le pouvoir se retrouve face à un nœud gordien. En son article 189, le code électoral de Patrice Talon stipule que « le maire et ses adjoints sont élus par le conseil communal en son sein au scrutin uninominal secret et à la majorité absolue ». Cette prédisposition met à mal l'élection de certains maires désignés pour être les édiles de certaines villes. Le parlement étant monocolore, il tord le cou à ce code pour atteindre ses objectifs.

Résultat : l'ensemble des parlementaires et les soixante-dix maires nommés par le pouvoir sont aptes à désigner le prochain président de la République. On y arrive enfin.

Acte 3 : Dans ce qu'il appelle « la grande réforme du système partisan », le chef de l'État fait insérer une disposition qui oblige un candidat à une élection présidentielle à disposer d'au moins 16 parrainages

---

24 Élections municipales et locales.

délivrés par les grands électeurs qui sont nommés à la tête des mairies et au palais des gouverneurs (Assemblée nationale). Oublié le référendum, nous passons comme une lettre à la poste d'un suffrage universel direct à un suffrage censitaire sans qu'aucun ne s'en offusque !

Comme l'avait martelé Patrice Talon dans une allocution télévisée :

« Vous savez très bien que dans les petits pays comme les nôtres, ce qui permet à un président d'être réélu, c'est sa capacité à soumettre tout le monde ; quand tous les députés sont à sa solde, quand tous les maires sont à sa solde, quand tous les élus locaux sont à sa solde, quand tous les commerçants sont à sa solde, quand les partis affaiblis sont à sa solde, sa réélection est facile. Ce qui permet à un président d'être réélu avec assurance, ce qui assure la réélection d'un président, c'est pas son mandat, c'est pas son résultat... c'est la manière dont il tient les grands électeurs, c'est la manière dont il tient tout le monde, donc personne n'est capable de lui tenir tête, d'être compétiteur contre lui ; quand vous n'avez pas de compétiteur, vous avez beau être mauvais, vous serez réélu. »

* * *

Le salut en Afrique, comme ailleurs dans le monde, ne pourra émaner que du courage et du souci de vérité et de justice des dirigeants politiques.

Les valeurs essentielles de la démocratie, de la solidarité et du respect des droits de l'homme sont leurs meilleurs atouts face aux défis des années futures.

L'ancien directeur-adjoint du bureau international du travail (BIT), M. Tévoédjré, doit se retourner dans sa tombe, lui qui nous rappelait la tragique inculture historique de nos gouvernants ayant oublié que notre peuple avait souffert dans son histoire avec la tragédie de l'esclavage et de la condition servile. Que peut-on alors raisonnablement penser de cette réforme majeure du Code du travail annoncée à Berlin[25] par le Président Talon qui définit un espace favorable à l'investissement privé étranger ? En effet, la nouvelle loi sur les conditions d'embauche dérégule le recrutement ; ne simplifie-t-elle pas la rupture du contrat de travail en donnant aux entreprises la possibilité de recruter sur contrat de travail à durée déterminée renouvelable quasi indéfiniment ? De plus, le montant des indemnités à payer en cas de licenciement est plafonné à neuf mois de salaire quel que soit le motif de licenciement. Quant à la réforme du droit de grève, elle limite la durée totale de grève au Bénin à deux jours maximum par mois et à dix jours maximum par an. Peut-on parler d'une réforme significative pour le bien-être des travailleurs béninois ? Quel recours auraient-ils en cas de licenciement abusif ? Peut-on décemment détourner le regard face à une réalité qui nous ramène à un siècle

---

25 Discours de Berlin du 30 octobre 2018.

passé révolu qui a vu des femmes et des hommes perdre la vie pour l'avancée de ces acquis sociaux ? C'est tout simplement de l'esclavage moderne.

Et que dire du traitement infligé à nos mamans ? Pour raison d'embellissement de Cotonou et d'autres villes environnantes, le gouvernement détruira sans ménagement leurs petits commerces conviviaux florissant çà et là, rompant ainsi le lien social alors qu'il eût fallu les assister dans ces changements ? A-t-on oublié qu'on **naît/est** grâce aux femmes ; n'est-ce pas elles qui nous accompagnent depuis la naissance et elles qui nous accompagnent le restant de notre vie ? N'aurait-on pas pu prendre plus soin de nos mamans ?

Nous sommes hélas confrontés à un libéralisme économique à outrance pensé par un seul homme et son clan. En arrivant subtilement, méthodiquement et habilement à modifier les lois prises par les députés de la 7e législature et ceux nommés par ses soins en 2019, le Président Talon n'a même plus à rendre compte à son parlement encore moins à son peuple.

L'orthodoxie des finances publiques a été rangée au placard et les critères de bonne gouvernance érigés par les institutions financières internationales (Banque mondiale) à savoir la responsabilité, l'obligation de rendre compte de ses actes, la participation et la capacité de répondre aux besoins de la population ne sont plus que de lointains souvenirs et des vœux pieux.

En parvenant à une totale déconstruction de notre système démocratique par sa capacité « prémonitoire » à soumettre l'ensemble des députés, des maires, des élus locaux, des commerçants tous à sa solde, des partis politiques affaiblis, la réélection de Patrice Talon en 2021 se déroula comme une lettre à la poste !

Nous pensions malheureusement avoir vaincu la fatalité en 1990 par l'avènement d'une vraie démocratie sociale et politique, sûrement imparfaite, mais qui n'excluait aucun d'entre nous ; le peuple béninois assiste désormais impuissant et apathique à l'achèvement méthodique du système politique auquel il avait adhéré massivement en décembre 1990.

Aujourd'hui, ce qu'il y a lieu de retenir est que notre constitution est tripatouillée et illégitime. Nos institutions sont faibles et le système électoral discrédité.

Le peuple béninois sera à nouveau convoqué pour les prochaines élections législatives du 8 janvier 2023. Le pluralisme politique ne semble plus avoir le droit de cité dans notre pays. Le Cos-Lepi qui pilote la mise à jour de la liste électorale est aux ordres, le ministre Sacca Lafia préside la CENA et son conseil électoral. La nouvelle institution dédiée aux élections est dirigée par M. Boucary Abou Soulé, lui-même choisi par qui de droit ! Dès lors, comment aller à des élections législatives quand aucun membre de l'opposition ne figure dans aucune instance de supervision des élections ? Contrairement au Sénégal où le dépouillement se fait à la clôture des bureaux de vote et devant les différents assesseurs et représentants des partis politiques et des candidats. En 2020 pour les élections municipales, nous avons assisté dans l'indifférence du peuple et c'est regrettable, à un vote en procédure d'urgence à l'Assemblée nationale pour un recadrage des textes. La Cour constitutionnelle validera cette soi-disant « loi interprétative » alors qu'on avait clairement affaire à une modification de la loi pour parvenir à nommer les maires directement par les présidents des deux partis politiques du Président Talon et non plus par le conseil communal.

Ce qui a été fait est extrêmement grave, dira feu Vincent Foly[26] : « ce régime n'a plus de limites. On fixe d'autres règles et on arrête le jeu en prenant le pays en otage en modifiant des lois. »

N'avons-nous rien appris des élections municipales de 2020 et des élections présidentielles de 2021 ? Face à l'animal politique qu'est devenu Patrice Talon, le microcosme politique n'a pas encore compris qu'il fallait changer totalement de paradigme face à lui. Il y a encore ce doux angélisme qui a jalonné notre vie politique de ces dernières décennies. Nous étions alors dans une « démocratie » et notre vivre ensemble était toujours une réalité.

---

26 Grande voix du journalisme à *La Nouvelle Tribune*, inlassable militant de l'idéal démocratique, réagissant contre toute forme d'injustice, il est décédé de la Covid le 3 septembre 2021, un mois seulement après la levée de la sanction qui interdisait depuis 2018 la parution de son journal.

De guerre lasse, j'ai observé impuissant le personnel politique de notre pays, mes compagnons de route, se déliter indubitablement au sortir d'une tentative infructueuse de participation aux élections législatives en 2019. Malgré des échanges avec une bonne partie des potentiels prétendants aux présidentielles de 2021, malgré la mise en garde à ma propre famille politique, personne n'a perçu le danger qui pointait à l'horizon.

En 2021, j'ai réuni mes camarades et leur ai fait part de ma décision de me présenter à l'élection présidentielle. Après près de trente ans de vie et de combat politique, la ligne directrice de ma lutte et celles de mes compagnons, la condition *sine qua non* est que nous devions revenir aux textes du 11 décembre 1990. C'est le sens de notre combat !

L'intérêt du peuple est bafoué, floué, chacun se battant pour sa petite chapelle. Patrice Talon et ses affidés ne peuvent faire main basse sur notre pays comme cela, d'un claquement de doigts !

Comme le rappelait Salvador Allende (ancien président du Chili) :

« Ils ont la force, ils ont les armes, ils pourront nous asservir mais on ne tient pas les mouvements sociaux ni par les crimes, ni par la force. L'histoire est à nous, c'est le peuple qui la fait. »

L'injustice nous donne l'envie de réagir. En ne me présentant pas en « duo » comme le veut la constitution de Patrice Talon et sa loi électorale, je prends date ! C'est comme faire bouger une pierre puis une autre jusqu'à l'effondrement de la montagne…

Le combat pour la liberté est très long et demande patience et sacrifice. Comme le rappelait Tavio Amorin[27] dans un discours en 1991 : « on ne peut effectuer des changements fondamentaux sans une dose de folie. Il faut être non conformiste, avoir le courage de tourner le dos aux anciennes formules et celui d'inventer le futur. Car c'est parce qu'il y a eu des fous dans le passé que nous pouvons agir avec une extrême clairvoyance aujourd'hui. J'aimerais être l'un de ces fous. »

Le Bénin nouveau ne mérite-t-il pas des sacrifices afin de sauver la jeune génération ?

Ma génération a pour objectif aujourd'hui de préparer les bases d'un autre Bénin, du Bénin du futur.

Pour ce faire, je me sens en droit de demander l'aide de tous car je ne peux y arriver seul. Unissons nos forces afin d'apporter les changements positifs et salvateurs pour notre pays. Changements appelés de leurs vœux par le plus grand nombre et pour le plus grand nombre. Car c'est la liberté de l'individu et de l'entreprise qui assure mieux la justice économique et non le contraire.

---

27 Opposant politique togolais, secrétaire général du parti socialiste panafricain tué par balle le 23 juillet 1992.

Quand soufflera le vent de la haine et de la colère, Béninois, sois fier et l'âme sereine, confiant, regarde ton avenir, rencontre-toi à nouveau. Dans le vert, tu reliras l'espoir du renouveau de tes aïeux ; le rouge évoque le courage ; des plus riches trésors le jaune est le présage. À partir de ce couplet de notre hymne national, nous entrevoyons une lueur d'espoir et, tant que cette flamme persistera, nous aurons la force de tenir.

Si vous êtes prêts, je suis né prêt.

ANNEXES

CENTRE DE RADIOGRAPHIE,
D'ECHOGRAPHIE, DE SCANNER ET IRM
06 B.P. 1949 Tél.: (229) 21 32 07 41 - 96 41 86 33
Email : cresmedicale@yahoo.fr
COTONOU (BENIN)

Nom et prénoms : SOGLO Ganiou   08/02/2021
Age : 59 ans   Tél :

SCANNER THORACIQUE

Indication : Traumatisme par arme à feu.

Technique : On réalise une acquisition hélicoïdale sans injection de produit de contraste suivie de reconstructions millimétriques en fenêtres médiastinale et parenchymateuse dans les plans axial, sagittal et coronal.

RESULTATS :

En fenêtre médiastinale :
Mise en évidence d'un épanchement pleural liquidien gauche de moyenne abondance.
Pas d'épanchement liquidien pleural droit.
Pas d'épanchement intra-médiastinale.
Pas d'épanchement liquidien péricardique.

En fenêtre parenchymateuse :
Pas de pneumothorax.
On observe de discrets épaississements septaux sous pleuraux gauches d'aspect nodulaire par endroit.
Présence de quelques lignes non septales bi-basales en rapport avec des troubles ventilatoires.
Pas de plage de condensation pulmonaire, ni de plage de verre dépoli.
Pas de nodule pulmonaire d'allure suspecte.

En fenêtre osseuse :
On retrouve une fracture multi-esquieuse de l'arc costal moyen de la 5è côte gauche associée à une fracture multi-esquieuse de l'arc costal postérieur de la 6è côte gauche.
Pas d'atteinte costale droite.
Pas d'atteinte vertébrale d'allure post traumatique.
Mise en évidence d'un corps étranger de localisation extra-thoracique en regard de l'arc costal postérieur de la 6è côte gauche fort probablement en rapport avec un projectile d'arme à feu.

AU TOTAL :
- Pleurésie gauche de moyenne abondance en regard d'une fracture multi-esquieuse de l'arc moyen de la 5è côte gauche et de l'arc postérieur de la 6è côte gauche.
- Corps étranger extra-thoracique en regard de l'arc costal postérieur de la 6è côte gauche fort probablement en rapport avec un projectile d'arme à feu.
- Pas de pneumothorax.
- Pas de lésion parenchymateuse d'allure post traumatique.

NB : 1 CD joint.

Dr SOHO E. Elessi
Médecin Radiologue
N° 1180 / ONMB / ATL / 2012
TEL : +229 96 41 86 33

Docteur SOHO Edgar

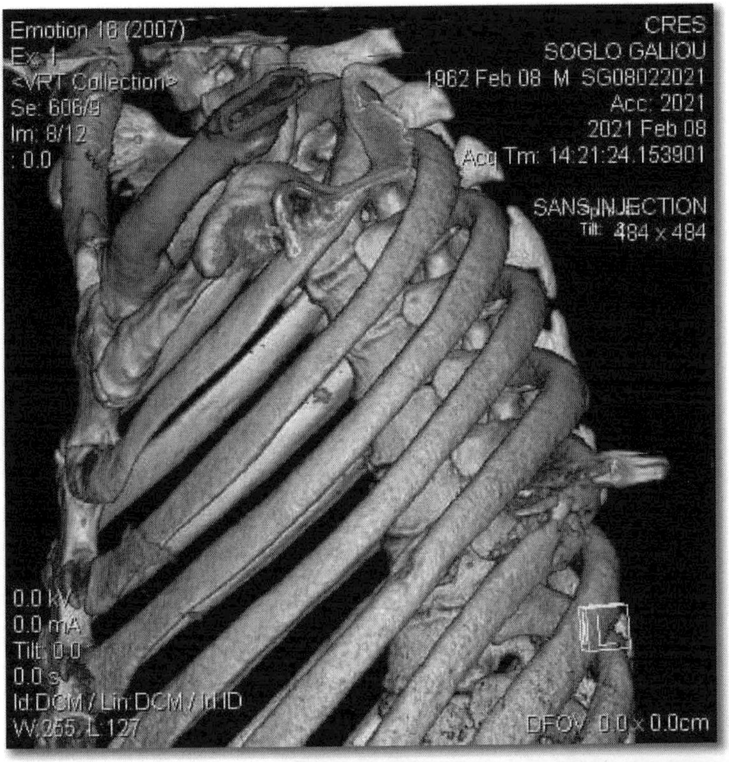

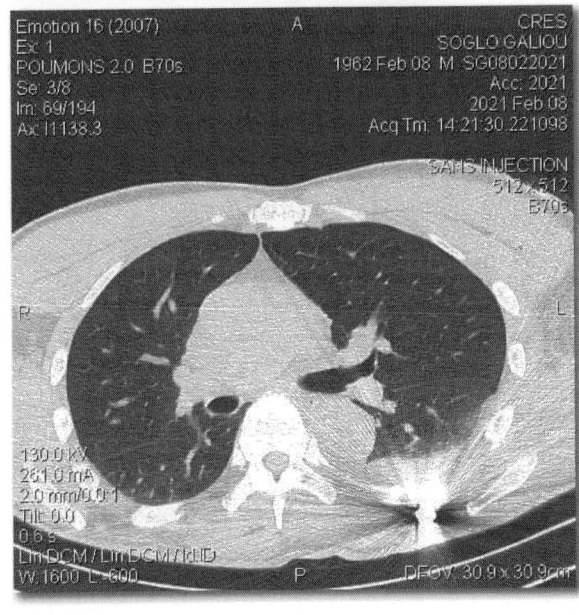

CLINIQUE POLYVALENTE MAHOUNA
MEDECINE GENERALE - GYNECOLOGIE - OBSTETRIQUE
PEDIATRIE - CHIRURGIE - TRAUMATOLOGIE - REEDUCATION
FONCTIONNELLE - LABORATOIRE D'ANALYSES BIOMEDICALES

REFUS D'HOSPITALISATION

Je soussigné SOGLO Ganiou refuse mon hospitalisation et décide de rentrer contre avis médical en dépit des explications des médecins de la clinique de MAHOUNA.

Je suis informé que même si je signe ce document, je peux revenir au besoin me faire soigner si je le désire et j'y suis même encouragé.

Fait à Cotonou, le 09/02/2021

Signature du patient ou de son parent

Ganiou Soglo

Je tiens à rappeler à toute fin utile les circonstances qui ont motivé mon départ de la clinique Mahouna.

En dépit des observations répétées au corps médical sur mon sentiment d'insécurité relatif à la présence détectée de policiers en civil, en habit et d'agents du procureur de la république annoncés à maintes reprises pour avoir accès à mon dossier médical et de façon factuelle dans les derniers 72 heures,

les changements répétés du personnel soignant ayant accès à ma personne, j'ai pris la décision pour mon intégrité physique et psychologique de quitter la clinique Mahouna.

Je tiens à indiquer fortement que les préoccupations soulevées ne sont pas adressées à la clinique Mahouna et son personnel mais sont liées à la pression psychologique et de haute tension qui semblent y avoir.

Fait à Cotonou le 9 février 2021

G. Soglo

L'Afrique en marche

Quotidien béninois d'information ◀▶ 4e année n° ◀▶ du lundi 08 février 2021 ◀▶ Prix 300 FCFA
Dépôt légal N°2185 du 18 mars 2003 ◀▶ Bibliothèque nationale du Bénin ◀▶ 1er trimestre ◀▶ ISSN/1659-6366

En attendant les enquêtes de la Police P 3

Tentative d'assassinat de Galiou Soglo
(Entre évidences et hypothèses)

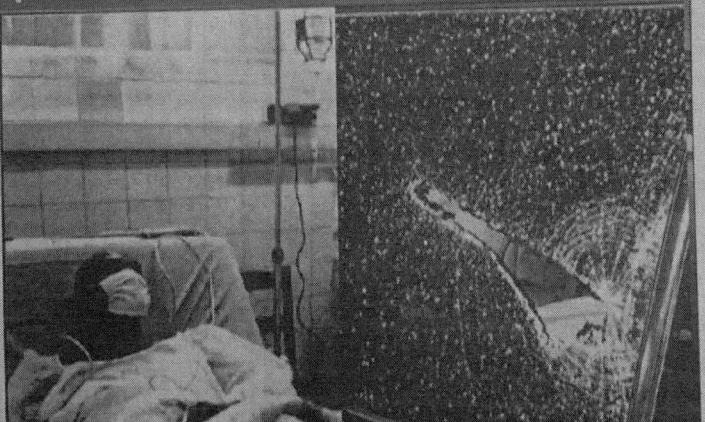

Gouvernance du Bénin 2021-2026 P 5

Cinq ans de promesses de Talon à ses partis satellites
(PRD, UDBN, Moele, UP et BR... la comédie continue)

EDITORIAL
Galiou, ceci explique-t-il cela ?

Dans l'une ou l'autre position du damier, il était capable de rebondissement. Certains pensaient qu'il "abusait" de son pennon de fils d'ancien président de la République. Mais dans le feu de l'action, sa trajectoire politique depuis quatre ans est au-delà de ce curseur réducteur.

Que retenir de son activisme politique ?

Il a donc choisi par ses formes et formules d'écrire l'histoire du Bénin. Quand il agit de manière solitaire, cette histoire comparativement à l'analyse esquissée dénonce la prépondérance de ceux qui nous dirigent et qui entérinent la paupérisation du peuple. Quand il agit de concert avec les exilés pour écrire à la CEDEAO, à l'UA, à l'Onu, en fonction de ces différents types d'auditoires, on a droit à une sorte de SOS à l'endroit de la communauté internationale pour donner une bouée de sauvetage au Bénin en péril. Galiou Soglo est devenu donc un héros fitzgéraldien dont la densité et le magnétisme gênent.

Sous cette apparence corsetée et avec la profondeur véritable de ses idées, on devine les charges transgressives de cet acteur de la vie politique qui savait monter les enchères. Il lui arrive de jurer qu'il est prêt à en payer le prix.

Au regard de son ascension a-t-on songé à sa chute ?

Autant son charisme séduit, autant qu'il intrigue. Avec énergie, audace, habileté, séduction et intelligence, il était inassimilable et multipliait les réquisitoires, factums et pamphlets contre le "Bénin révélé". Lors du dépôt de sa candidature quatre jours avant la tentative d'assassinat contre lui, il jurait être candidat sur la base de la Constitution de 1990 mise sous le boisseau.

Entre complexités et abnégation, sa candidature apporte tel ou tel type de réponse à telle ou telle batterie de questions sur le cadre réglementaire après la révision de la Constitution le 1er novembre 2019. Ainsi, Galiou Soglo a su démontrer dans le contexte de la "Rupture" que la vie politique porte de nos jours de plus en plus sur des visions diffractées.

« Présentez-vous pour le prochain, quinquennat 2021-2026 et on vous bâillonne ». La candidature de Galiou Soglo à la prochaine présidentielle n'a-t-elle pas été perçue dans certains cénacles comme une provocation de trop ? La goutte d'eau a-t-elle fait déborder les vases dès ces instants ?

Le procureur de la République de Calavi compétent juridiquement, nous exhorte, pour le moment à ne pas franchir des rubicons. Il faut donc espérer de tout cœur, la victoire du droit grâce au parquet de Calavi pour comprendre les tenants et aboutissants de cette soirée du 5 février 2021 qui a failli être fatale à Galiou Soglo.

La vie est belle. Et chaque jour est une vie. Prenons-la du bon côté et demain, il fera beau sur la grande route.

En attendant la Police

La police s'engage à faire la lumière sur l'affaire "fusillade de l'ancien ministre Galiou Soglo".

Pour éclairer la lanterne de l'opinion nationale et internationale, la hiérarchie policière républicaine était montée au créneau ce dimanche 7 février 2021 à travers son porte-parole, le commissaire principal Roger Tawès.

Pour lui, toutes les hypothèses formulées à partir du constat et de la reconstitution des faits seront étudiées pour élucider l'affaire. « Instruite par le procureur de la République près le Tribunal de première instance de deuxième classe d'Abomey-Calavi, la Police républicaine a aussitôt ouvert une enquête de flagrant délit et s'est portée sur les lieux pour les constatations et une reconstitution des faits en présence du conducteur », a-t-il déclaré.

A en croire le commissaire principal de police, le véhicule de marque Lexus du candidat à la présidentielle du 11 avril prochain a essuyé des coups de feu simultanément sur ses deux flancs. « Son chauffeur a réussi à forcer le passage et a poursuivi son chemin avant de se replier sur Cotonou à 30 km plus loin en prenant un contournement », a précisé le porte-parole. La police rassure et jure qu'elle poursuivra ses enquêtes dans les règles de l'art.

AF N°0659 du lundi 08 février

Structures éditoriales du groupe L'Harmattan

L'Harmattan Italie
Via degli Artisti, 15
10124 Torino
harmattan.italia@gmail.com

L'Harmattan Hongrie
Kossuth l. u. 14-16.
1053 Budapest
harmattan@harmattan.hu

L'Harmattan Sénégal
10 VDN en face Mermoz
BP 45034 Dakar-Fann
senharmattan@gmail.com

L'Harmattan Congo
219, avenue Nelson Mandela
BP 2874 Brazzaville
harmattan.congo@yahoo.fr

L'Harmattan Cameroun
TSINGA/FECAFOOT
BP 11486 Yaoundé
inkoukam@gmail.com

L'Harmattan Mali
ACI 2000 - Immeuble Mgr Jean Marie Cisse
Bureau 10
BP 145 Bamako-Mali
mali@harmattan.fr

L'Harmattan Burkina Faso
Achille Somé – tengnule@hotmail.fr

L'Harmattan Togo
Djidjole – Lomé
Maison Amela
face EPP BATOME
ddamela@aol.com

L'Harmattan Guinée
Almamya, rue KA 028 OKB Agency
BP 3470 Conakry
harmattanguinee@yahoo.fr

L'Harmattan Côte d'Ivoire
Résidence Karl – Cité des Arts
Abidjan-Cocody
03 BP 1588 Abidjan
espace_harmattan.ci@hotmail.fr

L'Harmattan RDC
185, avenue Nyangwe
Commune de Lingwala – Kinshasa
matangilamusadila@yahoo.fr

Nos librairies en France

Librairie internationale
16, rue des Écoles
75005 Paris
librairie.internationale@harmattan.fr
01 40 46 79 11
www.librairieharmattan.com

Librairie des savoirs
21, rue des Écoles
75005 Paris
librairie.sh@harmattan.fr
01 46 34 13 71
www.librairieharmattansh.com

Librairie Le Lucernaire
53, rue Notre-Dame-des-Champs
75006 Paris
librairie@lucernaire.fr
01 42 22 67 13

Achevé d'imprimer par Corlet - 14110 Condé-en-Normandie
N° d'Imprimeur : 1393136 - Juin 2024 - Imprimé en France